# BEI GRIN MACHT SICH
# WISSEN BEZAHLT

- Wir veröffentlichen Ihre Hausarbeit,
  Bachelor- und Masterarbeit

- Ihr eigenes eBook und Buch -
  weltweit in allen wichtigen Shops

- Verdienen Sie an jedem Verkauf

## Jetzt bei www.GRIN.com hochladen
## und kostenlos publizieren

**Bibliografische Information der Deutschen Nationalbibliothek:**

Die Deutsche Bibliothek verzeichnet diese Publikation in der Deutschen National-
bibliografie; detaillierte bibliografische Daten sind im Internet über http://dnb.d-
nb.de/ abrufbar.

**Impressum:**

Copyright © 2018 GRIN Verlag
Druck und Bindung: Books on Demand GmbH, Norderstedt Germany
ISBN: 9783668668034

**Dieses Buch bei GRIN:**

https://www.grin.com/document/417317

Ruben-Sergei Kraatz

Aus der Reihe: e-fellows.net stipendiaten-wissen

e-fellows.net (Hrsg.)

Band 2720

# Big Data und Business Intelligence. Herausforderungen für den Datenschutz

GRIN Verlag

**GRIN - Your knowledge has value**

Der GRIN Verlag publiziert seit 1998 wissenschaftliche Arbeiten von Studenten, Hochschullehrern und anderen Akademikern als eBook und gedrucktes Buch. Die Verlagswebsite www.grin.com ist die ideale Plattform zur Veröffentlichung von Hausarbeiten, Abschlussarbeiten, wissenschaftlichen Aufsätzen, Dissertationen und Fachbüchern.

**Besuchen Sie uns im Internet:**

http://www.grin.com/

http://www.facebook.com/grincom

http://www.twitter.com/grin_com

FOM Hochschule für Oekonomie & Management Essen

Standort Hamburg

Berufsbegleitender Studiengang zum

Master of Science IT Management

1. Semester

Seminararbeit in:     IT Architekturen

Thema:

Big Data und Business Intelligence - Herausforderungen für den Datenschutz

Autor:     Ruben-Sergei Kraatz

Abgabedatum:   10.02.2018

# I.   Inhaltsverzeichnis

I.      Inhaltsverzeichnis ....................................................................................... II

II.     Abkürzungsverzeichnis .............................................................................. III

1.      Einleitung und Zielsetzung........................................................................... 1

2.      Begriffliche Abgrenzung ............................................................................. 1

    2.1     Business Intelligence ......................................................................... 1

    2.2     Big Data ............................................................................................. 2

3.      Anwendungsmöglichkeiten ......................................................................... 4

    3.1     CRM .................................................................................................. 4

    3.2     Profiling ............................................................................................. 4

4.      Datenschutzrechtliche Bestimmungen ...................................................... 6

    4.1     Personenbezug ................................................................................... 6

    4.2     Einwilligung ...................................................................................... 7

    4.3     Datensparsamkeit und Zweckbindung............................................... 8

    4.4     Anonymisierung und Pseudonymisierung ....................................... 10

    4.5     Betroffenen Rechte .......................................................................... 12

    4.6     Öffnungsklausel am Beispiel des Scorings...................................... 13

    4.7     Verarbeitungsverzeichnis ................................................................ 14

    4.8     Kooperation mit Cloud-Anbietern und externen Rechenzentren ....... 14

    4.9     Verstoß gegen datenschutzrechtliche Bestimmungen ..................... 15

5.      Fazit............................................................................................................ 16

6.      Literaturverzeichnis ................................................................................ 18

## II.   Abkürzungsverzeichnis

BI..........................Business Intelligence

BDSG.....................Bundesdatenschutzgesetz

BDSG-neu...............Neues Bundesdatenschutzgesetz

CRM......................Customer-Relationship-Management

DS-GVO.................Datenschutzgrundverordnung

EU.........................Europäische Union

IT...........................Informationstechnologie

OLAP.....................Online Analytical Processing

NoSQL....................Not only SQL

## 1. Einleitung und Zielsetzung

In der vorliegenden Seminararbeit werden der unternehmerische Umgang mit Business Intelligence in Verbindung mit der Verarbeitung und Auswertung großer Datenmengen (Big Data) und die hieraus resultierenden Auswirkungen auf den Datenschutz betrachtet. Zunächst erfolgt eine Skizzierung ausgewählter themenbezogener Datenverarbeitungs-methoden und Systeme. Nachfolgend werden relevante datenschutzrechtliche Regelungen beschrieben, die in Bezug zu den voraus genannten Methoden und Systemen stehen. Im Fazit werden exemplarisch hieraus entstehende Spannungsverhältnisse aufgezeigt. Die Seminararbeit fokussiert insbesondere Unternehmen mit einem Gerichtstand in Deutschland, unter Vernachlässigung individueller Rechtsprechungen der Bundesländer sowie spezifischer betrieblicher Datenschutzvereinbarungen, und gibt mögliche Lösungs-ansätze für den datenschutzkonformen Umgang mit Big Data und Business Intelligence in der betrieblichen Praxis.

## 2. Begriffliche Abgrenzung

Business Intelligence und Big Data-Anwendungen weisen zahlreiche begriffliche Über-schneidungen und inhaltliche Übereinstimmungen auf. Im nachfolgenden werden die bei-den Bezeichnungen vereinfacht voneinander abgegrenzt und in Bezug auf ihre Charakteris-tika eingeordnet.

## 2.1 Business Intelligence

„Der Begriff Business Intelligence beschreibt ein integriertes, betriebsindividuell zu ent-wickelndes Gesamtkonzept zur IT-Unterstützung des Managements."[1] Innerhalb eines solchen Gesamtkonzeptes werden die Daten zunächst in einem gemeinsamen Business Warehouse abgelegt und im Anschluss von BI-Anwendungen in verschiedenen Ausprä-gungsstufen weiterverarbeitet.[2] Die miteinander verbundenen Software-Anwendungen verfolgen mittels Datenanalyse- und Visualisierungstechniken das Ziel, das Management

---

[1] Hansen, H. R. u. a. (2015), S. 279.
[2] Vgl. Fels, G. (2015), S. 255 ff.

in den Entscheidungsfindungsprozessen zu unterstützen.[3] Zu den angewendeten Techniken gehören unter anderem das OLAP- und das Data Mining-Verfahren.

**Online Analytical Processing (OLAP)**

Das OLAP-Verfahren greift auf Datenbestände des Data Warehouse zu und bildet die Daten in Form eines multidimensionalen Datenwürfels ab. Aus diesem virtuellen Würfel können Datengruppierungen erstellt und komplexe Zusammenhänge abgebildet werden. Eine der zahlreichen interaktiven Analysemöglichkeiten für das Management könnte sich beispielsweise auf eine Abfrage von Umsatzzahlen in Verbindung mit den Verkaufsregionen und Produktgruppen beziehen.[4]

**Data Mining**

Im Gegensatz zum Vergangenheitsbezug der OLAP-Methodik, zeichnet sich das Data Mining durch zukunftsbasierte statistische Prognosegenerierungen aus.[5] Dieser explorative Analysecharakter ist beispielsweise vorteilhaft, um mittels Regressionsberechnungen Zusammenhänge zwischen den Absatzzahlen eines Produktes und dem Wochentag oder bestimmten Werbeaktionen zu entdecken sowie Trends frühzeitig zu erkennen.[6]

**2.2     Big Data**

Die Big Data Analysemethoden verwenden einen Teil von Business Intelligence-Prozessen, überschreiten diese jedoch in Bezug auf die verarbeitungsfähige Datenmenge sowie die Rechenleistung.[7] Im Gegensatz zum vergleichsweise strukturierten BI-Datenbestand handelt sich bei Big Data um zumeist unstrukturierte und teilweise inkonsistente Datensätze, die mittels spezieller verteilter Datenbanklösungen, wie etwa NoSQL-

---

[3] Vgl. Grünwald, M., Taubner, D. (2009), S. 398 ff.
[4] Vgl. Laudon, K. C. u. a. (2010), S. 307 f.; Leußer, W. (2011), S 45 ff.
[5] Vgl. Grünwald, M., Taubner, D. (2009), S. 398.
[6] Vgl. Hansen, H. R. u. a. (2015), S. 291 f.
[7] Vgl. Gronwald, K.-D. (2017), S. 54; Hansen, H. R. u. a. (2015) S. 479 f.

Datenbanken, ausgewertet und bearbeitet werden können.[8] Nach der Definition von Gartner zeichnet sich Big Data durch drei wesentliche Charakteristika aus:

**Velocity (Geschwindigkeit)**

Durch Big Data unterstützende Technologien sind für die anfallenden Datenströme umfassende Berichte und Korrelationsanalysen mit daraus folgenden Prognosen in Echtzeit möglich. Dementsprechend müssen Unternehmen bei der Nutzung von Big Data Technologien fähig sein, entsprechende Geschwindigkeiten in der Datenverarbeitung zu unterstützen und zu nutzen.[9]

**Volume (Volumen)**

Die Verarbeitung und Speicherung großer Datenmengen, beginnend im Terrabytebereich, setzt entsprechende Speicherkapazität voraus. Häufig werden hierfür auch skalierbare Cloud-Services genutzt, um ein wirtschaftlich sinnvollen Betrieb der Rechen- und Speicherleistung zu gewährleisten.[10]

**Variety (Vielfalt)**

Unter anderem führen die wachsende Speicher- und Datenverfügbarkeit sowie die Vielzahl an unterschiedlicher Datenquellen, wie zum Beispiel Social Media-Plattformen oder Messsensoren, zu unzähligen differenten Datensätzen. Diese sind gekennzeichnet durch zum Teil inkompatible, strukturierte wie auch unstrukturierte Datenformate. Dieser Effekt wird zudem durch die stetig steigende Menge an öffentlich zugänglicher heterogener Daten verstärkt.[11]

---

[8] Vgl. Härting, N. (2016), S. 8; Grünwald, M., Taubner, D. (2009), S. 401.
[9] Vgl. Laney, D. (2001), S. 1 ff.
[10] Vgl. Nasser, T., Tariq, R. S. (2015), S. 1 ff.
[11] Vgl. Gadatsch, A., Landrock, H. (2017), S. 2; . Ulbricht, M. (2017), S. 271 ff.

4

## 3. Anwendungsmöglichkeiten

Im Folgenden werden ausgewählte Anwendungsmöglichkeiten und Methoden von Big Data und Business Intelligence-Systemen skizziert.

### 3.1 CRM

Klassische Customer-Relationship-Management Systeme nutzen oftmals BI-Prozesse, um Marketingaktivitäten zielgruppenspezifisch auszugestalten. Die CRM-Anwendungen klassifizieren hierfür zum Beispiel Kunden nach bestimmten Merkmalen, wie dem Geschlecht, dem Wohnort, dem Einkaufsverhalten, etc., und bieten Segmentierungsmöglichkeiten, um etwa zielgerichtete Werbeaktionen zu planen und somit Cross- und Up-Selling Maßnahmen durchzuführen. Neben Kundendaten können zum Beispiel auch aus Marktforschungsprozessen gewonnene Erkenntnisse in entsprechenden Datenbanken hinterlegt werden.[12] In Verbindung mit Big Data können CRM-Systeme unter anderem in die Lage versetzt werden, Kundenpräferenzen in Echtzeit zu analysieren und zu prognostizieren sowie geeignete Verkaufs- und Werbemaßnahmen individueller, schneller und genauer zu berechnen.[13]

### 3.2 Profiling

Anders als Data Mining orientierte Verfahren, welche sich mittels Analysetechniken auf strukturierte Bestandsdaten und definierte Kriterien beziehen, findet die Profiling-Methode insbesondere im Kontext von Big Data ihre Anwendung. Hierbei werden Datensätze aus unterschiedlichsten Quellen auf Korrelationen ausgewertet und automatisiert innerhalb von Datenprofilen zusammengefasst. Ein Profil kann in mehreren Ebenen, wie zum Beispiel in Gruppen oder Einzelpersonen, abgebildet werden und einen hohen Detailierungsgrad aufweisen. Komplexe Algorithmen sind bei einer großen Datenbasis beispielsweise fähig, eine äußerst genaue Profilabbildung von Personen und deren bisheriges sowie mögliches zukünftiges Verhalten zu liefern.[14]

---

[12] Vgl. Winkelmann, P. (2008), S. 180 ff.
[13] Vgl. Gronwald, K.-D. (2017), S. 54 ff.
[14] Vgl. Heuberger-Götsch, O. (2016), S. 85 ff.

Mögliche Ziele des Profiling sind unter anderem:

- Bestimmung des Kaufinteresses von bestimmten Produkten
- Bestimmung von wirtschaftlichen Verhältnissen
- Kriminalitätsbekämpfung
- Wahrscheinlichkeitsermittlung von Krankheiten

Neben der zuvor beschriebenen Allgemeindefinition existiert auch eine rechtliche Begriffsdefinition. Nach der DS-GVO handelt es sich bei dem Profiling um:

„jede Art der automatisierten Verarbeitung personenbezogener Daten, die darin besteht, dass diese personenbezogenen Daten verwendet werden, um bestimmte persönliche Aspekte, die sich auf eine natürliche Person beziehen, zu bewerten, insbesondere um Aspekte bezüglich Arbeitsleistung, wirtschaftliche Lage, Gesundheit, persönliche Vorlieben, Interessen, Zuverlässigkeit, Verhalten, Aufenthaltsort oder Ortswechsel dieser natürlichen Person zu analysieren oder vorherzusagen".[15]

Per definitionem liegt der Fokus des Profiling somit auf den Datenanalyse- und Datenauswertungsverfahren, die natürlichen Personen betreffen.[16]

**Screening**

Die Methode des „Screenings" bezeichnet die systematische Auswertung großer unterschiedlicher Datenmengen hinsichtlich bestimmter Attribute, wie zum Beispiel außergewöhnlicher Standortdaten. Das Screening kann unter anderem zur individualisierten Produktvermarktung angewendet werden und ist ein Bestandteil des Profiling.[17]

**Scoring**

Mittels einer algorithmischen Datenanalyse können Informationen zu den wirtschaftlichen und persönlichen Verhältnissen von Personen ausgewertet und Prognosen abgeleitet werden. Das Scoring bezeichnet hierbei die Bewertung in unterschiedlichen Klassen-

---

[15] DS-GVO (2016), Art. 4, Abs. 4.
[16] Vgl. Härting, N. (2016), S. 149.
[17] Vgl. Bärwald, W. (2009), S. 279 ff.

oder Punktesystemen. Häufig werden Scoring-Verfahren im Bereich des Finanzwesens eingesetzt, um die Kreditwürdigkeit und das Kreditausfallsrisiko zu ermitteln.[18] Das Scoring ist ebenfalls ein Bestandteil des Profiling.

## 4.   Datenschutzrechtliche Bestimmungen

Anders als bei der Datensicherheit, worunter sämtliche Maßnahmen zur vollständigen und korrekten Datenbereitstellung verstanden werden, handelt es sich bei dem Datenschutz um betriebliche und gesetzliche Regelungen und deren hieraus abgeleiteten Maßnahmen zum Schutz von Daten und Persönlichkeitsrechten.[19] Zu den gesetzlichen Verordnungen gehören neben dem Bundesdatenschutzgesetz, zahlreiche Datenschutzgesetze der einzelnen Bundesländer und der am 25.05.2018 EU-weit anzuwendenden Datenschutzgrundverordnung. Die Regelungen des BDSG und der Bundesländer werden zum Großteil durch die Anwendung der DS-GVO abgelöst. Ausgenommen sind einige Teilbereiche, zu denen die Datenschutzgrundverordnung mittels Öffnungsklauseln nationale Konkretisierungsrechte ermöglicht. Diese werden im neuen Bundesdatenschutzgesetz (BDSG-neu) geregelt.[20] In der nachfolgenden Betrachtung finden primär die ab Mai 2018 in Kraft tretenden Bestimmungen Berücksichtigung.

## 4.1   Personenbezug

Die Verarbeitung und Auswertung von Daten im Sinne von Big Data und Business Intelligence erfolgt in Unternehmen innerhalb verschiedener Softwarekomponenten, wie beispielsweise CRM-Systemen oder anderen Datenanalyse-Tools, und ist aus der datenschutzrechtlichen Perspektive in der Regel unkritisch, sofern keine personenbezogenen Daten verarbeitet werden. In der Praxis bilden personenbezogene Daten jedoch einen wesentlichen Bestandteil des relevanten Datenbestandes. Die Begrifflichkeit der *personenbezogenen Daten* gilt im rechtlichen Sinne ausschließlich für natürliche Personen. Sowohl im BDSG als auch in der DS-GVO ist der Personenbezug nicht spezifisch definiert,

[18] Vgl. Dittert, K. (2017), S. 3 ff.
[19] Vgl. Hansen, H. R. u. a. (2015), S. 39.
[20] Vgl. o.V. Bitkom e.V (2016), S. 5.

wodurch sich in der Praxis Unschärfen innerhalb einer klaren Abgrenzung ergeben.[21] Beispielsweise gelten als personenbezogene Daten auch ableitbare personenbezogene Daten. Im Sinne der DS-GVO können hierunter auch Online-Kennungen wie IP-Adressen oder Cookies fallen.[22]

Zur Feststellung des Personenbezugs eines Datums sind nach der DS-GVO technische Mittel nach allgemeinem Ermessen anzuwenden, die dem aktuellen Stand der zur Verfügung stehenden Technologien entsprechen und in einem angemessenen Zeit- und Kostenaufwand stehen. In Zweifelsfällen ist ein Personenbezug vorauszusetzen.[23] Letzteres ist beispielsweise der Fall, wenn in einer Scoring-Berechnung Geoinformations- und Social Media-Daten einfließen und aus der Datenkombination Rückschlüsse auf den Aufenthaltsort bestimmter Personen möglich wären.[24]

Die Datenschutzgrundverordnung legt darüber hinaus Kategorien von besonders schützenswerten personenbezogenen Daten, wie etwa Gesundheitsdaten, Gewerkschaftszugehörigkeiten oder Daten zur sexuellen Orientierung fest, die restriktiveren Bestimmungen unterliegen.[25]

## 4.2 Einwilligung

Die Verarbeitung von personenbezogenen Daten untersteht dem „Verbotsprinzip", welches besagt, dass die Datenverarbeitung ohne Einwilligung der betroffenen Person grundsätzlich unzulässig ist. Die Einholung einer pauschalen Einwilligung zur Verarbeitung sämtlicher Daten ist ebenfalls nicht zulässig. Vielmehr muss der Einwilligende über den vollständigen Umfang und den Zweck der Datenverarbeitung informiert werden und diesem ausdrücklich zustimmen.[26] Ein weiteres Kernkriterium der wirksamen Einwilligung ist die Freiwilligkeit, welche besagt, dass der Betroffene ohne ihm entstehende Nachteile eine Einwilligung ablehnen kann.[27]

---

[21] Vgl. Hoffmann, G. (2017), S. 71.
[22] Vgl. Anandarajan, M. (2004), S. 74; DS-GVO (2016), Erwägungsgrund 30.
[23] Vgl. ebd., Art. 25.
[24] Vgl. Weichert, T. (o.J.), S. 16.
[25] Vgl. DS-GVO (2016), Art. 9.
[26] Vgl. ebd., Art. 6.
[27] Vgl. Köbrich, T., Maucher, S. (2017), S. 30.

Der Widerruf einer Einwilligung muss dabei ebenso einfach möglich sein, wie die Einwilligungsabgabe.[28] Die für die Datenverarbeitung verantwortliche Stelle trägt die Nachweispflicht über die Einwilligung des Betroffenen. Das heißt, dass entsprechende Dokumentationen über die Einwilligungsfälle angefertigt und im Zweifelsfall im Unternehmen abrufbar sein müssen. Da in der Praxis das Management von Einwilligungsabgaben und Widerrufungen herausfordernd ist, existieren verschiedene Ansätze zur Steuerung und Wahrung der Einwilligungsrechte der Betroffenen.[29] Hierzu gehören unter anderem das *Privacy by Design* und das *Privacy by Default* Konzept.

Privacy by Default beinhaltet aktive Einstellungen und Vorkehrungen zur Wahrung der Privatsphäre von Betroffenen. Ein wesentliches Merkmal sind datenschutz- und somit anwenderfreundliche Voreinstellungen von Systemen. Die Umsetzung der hierfür notwendigen Anpassungen benötigen entsprechende Ressourcen und Fachwissen.[30]

Der Privacy by Default Ansatz kann unter anderem durch das Privacy by Design Prinzip sichergestellt werden. Dieses Prinzip verfolgt das Ziel, die organisatorischen und technischen Maßnahmen zu einem möglichst frühen Zeitpunkt der Datenerhebung so zu gestalten, dass personenbezogene Daten bestmöglich geschützt werden. Als Maßnahmen gelten zum Beispiel Authentifizierungslösungen und Verschlüsselungstechniken.[31]

## 4.3 Datensparsamkeit und Zweckbindung

Business Intelligence und Big Data zeichnen sich durch die Analyse und Auswertung großer Datenmengen aus. Dies steht im direkten Spannungsverhältnis zu den Vorgaben der Datenschutzgrundverordnung, welche besagen, dass die Datenverarbeitung und die Speicherung so einzurichten sind, dass möglichst wenig personenbezogene Informationen erhoben werden und diese nach Möglichkeit zu anonymisieren sind.[32]

Zudem setzt die DS-GVO in ihrer Definition die Zweckbindung für die Verarbeitung von Daten mit Personenbezug voraus:

---

[28] Vgl. DS-GVO (2016), Art.7, Abs. 3.
[29] Vgl. Ulbricht, M. (2017), S. 275 ff.
[30] Vgl. Schaar, P. (2010), S. 276 ff.
[31] Vgl. Kipker, D.-K. (2015), S. 410.
[32] Vgl. DS-GVO (2016), Art. 5, Abs. 1.

„Personenbezogene Daten müssen … für festgelegte, eindeutige und legitime Zwecke erhoben werden und dürfen nicht in einer mit diesen Zwecken nicht zu vereinbarenden Weise weiterverarbeitet werden; eine Weiterverarbeitung für im öffentlichen Interesse liegende Archivzwecke, für wissenschaftliche oder historische Forschungszwecke oder für statistische Zwecke gilt gemäß Artikel 89 Absatz 1 nicht als unvereinbar mit den ursprünglichen Zwecken („Zweckbindung“).“[33]

Der Zweck einer Datenerhebung ist somit bereits im Voraus zu konkretisieren. Die Beschreibung muss hierbei so genau sein, dass sich hieraus die erforderlichen Schutzmaßnahmen, wie Anonymisierungstechniken, ableiten lassen.[34]

**Kompatibilität**

Insbesondere bereits bestehende Big Data und Business Intelligence-Systeme greifen in Teilen auf Bestandsdaten mit Personenbezug zu, die bei dem Zeitpunkt ihrer Erhebung ggf. noch nicht Gegenstand einer Analyse- oder Prognoseplanung waren. In diesen Fällen liegt meist keine entsprechende Einwilligung oder konkretisierte Zweckbeschreibung für die Weiterverarbeitung vor. Eine rechtlich zulässige Nutzung dieser Daten ist daher nur eingeschränkt möglich.[35]Auf die praktische Anwendung von Data Mining Prozessen kann sich unter anderem die Frage stellen, ob zu Cross-Selling-Zwecken Kundenadressdaten, die aus früheren Produktverkäufen resultieren, für individuelle Verkaufsmaßnahmen genutzt werden können. Eine von der EU eingesetzte Arbeitsgruppe hat für derartige Fälle in einer Richtlinienbeschreibung die Möglichkeiten der Datennutzungskompatibilität beschrieben. Eine kompatible zweckgebundene und somit zulässige Datennutzung liegt vor, wenn der Verwendungszweck für die Weiterverarbeitung von Daten bei der Datenerhebung für den Betroffenen eindeutig absehbar war und das entsprechende Schutzmaßnahmen zur Wahrung der informationellen Selbstbestimmungsrechte des Betroffenen durch die datenverarbeitenden Stelle, wie etwa Verschlüsselungstechniken, existieren.[36] In diesen Fällen können erhobene Daten für weitergehende Auswertungen

---

[33] ebd., Art. 5, Abs. 1.
[34] Vgl. Article 29 Data Protection Working Party (2017), S. 15; Weichert, T. (o.J.), S. 13.
[35] Vgl. DS-GVO (2016), Erwägungsgrund 30.
[36] Vgl. Helbing, T. (2015a), S. 146.

ohne zusätzliche Einwilligung verwendet werden. Werden bei der Datenersterhebung nur uneindeutige allgemeingültige Zweckangaben aufgestellt, sind diese als unzulässig zu betrachten.

Hierunter fallen Angaben wie zum Beispiel „Weiterverarbeitung im Sinne der IT-Sicherheit" oder „Weiterverarbeitung im Sinne von Marketingaktionen".[37]

Aufgrund der nicht zweifelsfreien Definition der Datennutzungskompatibilität hat die EU einen Kompatibilitätstest entwickelt, der den datenverarbeitenden Stellen als Prüfinstrument und, bei positiven Testergebnis aller Kriterien, als Indikator zur Weiterverarbeitungsfähigkeit dienen kann.[38]

Als Testkriterien gelten:

- „Der Zusammenhang zwischen dem ursprünglichen und dem späteren Verwendungszweck."

- „Der Kontext, in dem die personenbezogenen Daten ursprünglich erhoben wurden und die vernünftigen Erwartungen der Betroffenen."

- „Die Art der Daten und die Auswirkungen der neuen Verwendung auf die Betroffenen."

- „die vom Unternehmen getroffene Schutzmaßnahmen zur Verhinderung unangemessener Datenverwendung und nachteiliger Auswirkungen auf die Betroffenen."[39]

## 4.4 Anonymisierung und Pseudonymisierung

Unternehmen können personenbezogene Daten anonymisieren, um die Inhalte für die Datenverarbeitung weiter nutzen zu können.[40] Hierbei werden im Bundesdatenschutzgesetz

[37] Helbing, T. (2015b), S. 287.
[38] Vgl. ebd. S. 288 ff.; Köbrich, T., Maucher, S. (2017), S. 28 f.
[39] Helbing, T. (2015b), S. 289.
[40] Vgl. DS-GVO (2016), Erwägungsgrund 25.

zwei Formen voneinander unterschieden: Bei der *absoluten Anonymisierung* ist eine Personenzuordnung unmöglich. Hingegen erfolgt bei der *faktischen Anonymisierung* eine so starke Veränderung der Daten, dass Rückschlüsse auf die Person nur mit einem unverhältnismäßig großen Aufwand möglich sind.[41] Nach der europäischen Datenschutzgrundverordnung wird nicht mehr zwischen den beiden Formen der Anonymität unterschieden. Vielmehr unterscheidet die DS-GVO zwischen vollständig anonymisierten und lediglich pseudonymisierten Daten. Auf anonymisierte Daten findet die DS-GVO keine Anwendung.[42] Im Rahmen eines Anonymisierungsprozesses lassen sich Daten beispielsweise in Gruppen zusammenfassen und die Datenerfassung von der Datenauswertung organisatorisch trennen. Auf eine Big Data-Anwendung bezogen, wäre Übersetzung von individuellen Geburtsdaten in Altersklassen oder eine Clusterung von persönlichen Geo-Koordinatenangaben in Regionen denkbar. Eine wesentliche Voraussetzung ist, dass keine Umkehrmöglichkeiten von zusammengefassten Daten auf bestimmte Personen mehr möglich sind. Es ist jedoch anzumerken, dass mit der steigenden Verfügbarkeit und den sinkenden Kosten von Rechenleistung die Ermittlung und Speicherung von Daten vereinfacht und somit eine tatsächliche Anonymisierung zunehmend erschwert wird.[43]

Die Pseudonymisierung bietet sich als Mittel der datenschutzkonformen Datenverarbeitung von personenbezogenen Daten an. Bei diesem Verfahren werden die Klartextdaten soweit verändert, dass diese im Anschluss keiner Person mehr eindeutig zugeordnet werden können.[44] Nach der Datenschutzgrundverordnung sind pseudominierte Daten jedoch als personenbezogene Daten zu betrachten, da eine Recodierung des jeweiligen Pseudonyms zum zugehörigen Klartext in der Regel mit einem verhältnismäßig geringen Aufwand möglich ist.[45]

---

[41] Vgl. Härting, N. (2016), S. 77.
[42] Vgl. DS-GVO (2016), Erwägungsgrund 26.
[43] Vgl. Schneider, J. (2017), S. 60.
[44] Vgl. Gola, P. u. a. (2015) § 3 , Rdnr. 31 ff.
[45] Vgl. DS-GVO (2016), Erwägungsgrund 26-28.

## 4.5    Betroffenen Rechte

Bestehen in Datenbeständen personenbezogene Merkmale, haben die Betroffenen bzw. die Merkmalsträger das Recht, formfrei Auskünfte, Löschungen, Datenkorrekturen oder die Datenübertragung zu verlangen.[46] Der Artikel 17 der Datenschutzgrundverordnung regelt die Rechte zur Löschung von personenbezogenen Daten und ersetzt zukünftig den Paragraph 35, Absatz 2 des Bundesdatenschutzgesetzes. Eine Löschung der personenbezogenen Daten kann durch den Betreffenden unter anderem beantragt werden, wenn die Speicherung nach dem ursprünglichen Erhebungszweck nicht mehr notwendig ist oder die Daten unrechtmäßig erhoben wurden. Die Ausgestaltung eines Löschvorganges ist auf den Datenbestand für den gewöhnlichen Gebrauch, wie er zum Beispiel in der Verwendung eines CRM-System vorliegt, beschränkt, sodass keine Vernichtung oder Löschung auf sämtlichen Sicherheitskopien oder Datenträgern notwendig ist.[47] Im Sinne des Auskunftsrechtes haben die Betroffenen auch Anspruch auf einen logischen Aufbau innerhalb der Datenverarbeitung bzw. der Analysemethoden und ein entsprechendes Informationsrecht. Die Herausgabe der Daten des Betroffenen muss nach dessen Antrag auf eine Datenübertragung in einer strukturierten und maschinenlesbaren Form erfolgen, sofern dies technisch möglich ist.[48]

### Menschliche Intervention

Zusätzlich reguliert die DS-GVO, wie auch zuvor das BDSG, automatische Entscheidungsprozesse durch das Recht auf eine menschliche Intervention. Dem Betroffenen soll somit zugesichert werden, dass keine für ihn nachteiligen Entscheidungen ausschließlich auf Basis algorithmischer Analysetechniken getroffen werden.[49] Dies betrifft nicht nur Entscheidungsprozesse, die direkte rechtliche Folgen für den Betroffenen haben, sondern auch Entscheidungen, welche die Gefahr einer erheblichen Beeinträchtigung für den Betroffenen in sich bergen. Ausgenommen von dem Recht der menschlichen Intervention

[46] Vgl. Weichert, T. (o.J.), S. 13.
[47] Vgl. Härting, N. (2016), S. 171.
[48] Vgl. DS-GVO (2016), Art. 20, Abs. 1-2.
[49] Vgl. ebd., Art. 22, Abs. 1-2.

sind Maßnahmen, bei denen die automatisierte Entscheidung als objektiv erforderlich angesehen wird. Dies ist zum Beispiel der Fall, wenn Kunden technische Produkte aus dem Bereich der intelligenten Haustechnik bzw. smart home-Technologie erwerben und die hiermit untrennbare verbundene Datenanalyse als Produktbestandteil zu bewerten ist.[50]

## 4.6 Öffnungsklausel am Beispiel des Scorings

Die in der DS-GVO enthaltenden Öffnungsklauseln ermöglichen den Mitgliedsstaaten der EU eine landesindividuelle Spezifizierung einzelner Bereiche des Datenschutzes. Die Spezifizierung darf sich in diesem Zusammenhang jedoch nicht nachteilig für die Betroffenen auswirken. Ein Beispiel für die Nutzung einer solchen Öffnungsklausel, mit Gültigkeit in der Bundesrepublik Deutschland, ist das ursprünglich im BDSG geregelte Scoringverfahren.[51] Das Verfahren ist in der DS-GVO nicht gesondert eingeschränkt, sondern wird unter dem Sammelbegriff des „Profiling" geführt.[52] Mit der im Mai 2018 in Kraft tretenden Neufassung des Bundesdatenschutzgesetzes ist die alleinige Verwendung von Adressdaten im Scoring-Verfahren nicht zulässig.[53]

Der deutsche Gesetzgeber hat festgelegt, dass Scoring-Ergebnisse nur als einzelner Bestandteil eines Entscheidungsprozesses genutzt werden und keine diskriminierenden subjektiven Informationen über die betroffenen Personen enthalten dürfen. Die Benachteiligung durch die Verwendung diskriminierender Merkmale bildet eine rechtliche Grauzone. Dies betrifft einige subjektive Daten wie zum Beispiel Alter, Geschlecht oder Wohnort, die im Rahmen des Scorings unter Umständen negative Auswirkungen auf einen Vertrags- oder Kreditabschluss nach sich ziehen können.[54]

---

[50] Vgl. Härting, N. (2016), S. 154 f.
[51] Vgl. ebd.
[52] Vgl. DS-GVO (2016), Art. 22.
[53] Vgl. BDSG-neu (2017), § 31.
[54] Vgl. o.V. Unabhängiges Landeszentrum für Datenschutz Schleswig Holstein (2014), S. 134 ff.

## 4.7 Verarbeitungsverzeichnis

Die Datenschutzgrundverordnung setzt das Führen eines Verarbeitungsverzeichnisses voraus. In diesem sind die Prozesse und die Art der Daten zu nennen, die von der personenbezogenen Datenverarbeitung betroffen sind. In der unternehmerischen Praxis bietet sich die Erstellung eines bereits aus der Bundesdatenschutzgesetzgebung bekannten Datenschutzkonzeptes an, in dem das Verarbeitungsverzeichnis als Anlage geführt wird. Die Konzepterstellung vereinfacht die an mehreren Stellen der DS-GVO geforderte kontinuierliche Prüfung, Anpassung, Umsetzung und Dokumentierung der Maßnahmen, die für den Schutz von personenbezogenen Daten erforderlich sind.[55]

Eine betriebliche Implementierung und laufende Aktualisierung eines rechtssicheren Konzeptes ist im Sinne von BI und Big Data unter anderem aufgrund der Zunahme und der Diversifikation von Datenquellen sowie unterschiedlich eingesetzte Softwareprodukte und Schnittstellen sinnvoll. Die Konzeptpflege muss durch eine verantwortliche Person, bei der es sich in der Regel um den Datenschutzbeauftragten handelt, sichergestellt und durch regelmäßige Kontrollen überprüft werden.[56] In diesem Kontext bietet sich auch die Einführung eines unternehmensweiten ganzheitlichen Datenschutzmanagements an.[57]

## 4.8 Kooperation mit Cloud-Anbietern und externen Rechenzentren

Für die Nutzung von BI- und Big Data steigt für zahlreiche Unternehmen die Relevanz eine Auslagerung von (Teil-)Prozessen an externe Rechenzentren bzw. an Cloud-Dienstleister vorzunehmen, um einen skalierbaren und wirtschaftlich sinnvollen Betrieb von Speicher- und Rechenleistung sicherzustellen. Für kleine und mittelständische Unternehmen ist dies zumeist sogar eine Grundvoraussetzung, um Big Data-Technologien nutzen zu können. Bei solchen Kooperationsformen mit entsprechenden Dienstleistern befreien sich die Unternehmen nicht von ihren Verantwortungspflichten gegenüber den Betroffenen. Die Unternehmen sind somit auf Partnerfirmen angewiesen, die ihrerseits

---

[55] Vgl. BDSG (2015); DS-GVO (2016), Art. 30.
[56] Vgl. Braun, W. u. a. (2017), S. 7 ff.
[57] Vgl. o.V. Bitkom e.V (2016), S. 17.

die Einhaltung der DS-GVO garantieren.[58] In Deutschland ansässige Firmen müssen sich zudem an die Ergänzungsregularien des BDSG-neu halten. Dies setzt eine gewisse Markttransparenz und Produktkenntnisse voraus. Die DS-GVO strebt hierfür eine freiwillige Zertifizierung von datenschutzkonformen Cloud- und Rechenzentren Dienstleistern an.[59] Gleichzeitig stellt die Verordnung Bedingungen an die Unabhängigkeit einer akkreditierten Zertifizierungsstelle. Derzeit existiert in Deutschland ein durch die Bundesregierung gefördertes Zertfizierungsprojekt, welches Cloud-Dienstleister ein Siegel für die Einhaltung der datenschutzkonformen Datenverarbeitung und Speicherung ausstellt.[60] Neben der Zertifizierung der Datenschutzkonformität existieren zahlreiche weitere Gütesiegel, welche sich zumeist auf die Einhaltung des IT-Grundschutzes beziehen[61]

## 4.9 Verstoß gegen datenschutzrechtliche Bestimmungen

Verstöße gegen die Grundsätze der Datenschutzgrundverordnung, wie beispielsweise die Unterlassungen von berechtigten Löschungsansprüchen der Betroffenen, können mit Bußgeldern geahndet werden. Die Bußgelder können bis zu 20 Millionen Euro bzw. vier Prozent des Jahresumsatzes des datenverarbeitenden Unternehmens betragen.[62] Die Strafausprägungen sind deutlich stärker gefasst als die der auslaufenden Sanktionsmöglichkeiten des Bundesdatenschutzgesetzes, welches Bußgelder von maximal 300.000 Euro für zulässig erachtet hat.[63]

---

[58] Vgl. DS-GVO (2016) Art. 28.
[59] Vgl. ebd., Art. 42.
[60] Vgl. Borges, G. (2017)(2017), S. 24 ff.
[61] Vgl. Bundesamt für Sicherheit in der Informationstechnik (2017).
[62] Vgl. DS-GVO (2016), Art. 83.
[63] Vgl. BDSG (2015), § 43.

16

## 5.  Fazit

Die aktuell im Bundesdatenschutzgesetz und für die nähere Zukunft in der Datenschutz-grundverordnung und im neuen Bundesdatenschutzgesetz gültigen datenschutzrechtlichen Bestimmungen stellen für Big Data und Business Intelligence Technologien weiterhin eine Herausforderung dar. Die stetig wachsende Verfügbarkeit von Daten und Rechenleistung muss insbesondere in Einklang mit der Erhebung, Speicherung und Verarbeitung von personenbezogenen Daten gebracht werden, welche sich in zahlreichen Datenquellen befinden, die für BI und Big-Data-Technologien von hoher Relevanz sind.

Aufgrund der großen Datenvielfalt besteht neben der Notwendigkeit auch die Schwierigkeit den Personenbezug soweit zu reduzieren oder zu anonymisieren, dass die Datenqualität und -Quantität mit den datenschutzrechtlichen Bestimmungen harmonieren. Eine besondere Herausforderung stellen hierbei öffentlich verfügbaren Datensätze dar. Diese können zum einen BI oder Big Data-Anwendungen als Datenquelle dienen, müssen jedoch vor der Datenverarbeitung individuell hinsichtlich möglicher datenschutzrechtlicher Verstöße gegen den Grundsatz der Zweckbindung geprüft werden. Zum anderen bergen öffentlich verfügbare Daten ein Risiko potentieller Rückschlussmöglichkeiten von anonymisierten, vormals personenbezogenen Daten, im BI- oder Big Data-System, welche mit der stetigen Weiterentwicklung von Speicher- und Rechenleistung voraussichtlich in Zukunft schneller und einfacher rekodierbar werden.

Bestehende BI-Datenbanken und Software-Anwendungen müssen in Bezug auf ihre aktuelle Datenstruktur- und Datenqualität untersucht werden, um festzustellen ob eine Verarbeitung im Sinne der neuen Datenschutzgrundverordnung erfolgt. Ist dies nicht der Fall, bietet sich die Erstellung von Maßnahmenkatalogen und deren zeitnahen Umsetzung an. Neben der Schaffung von technischen Voraussetzungen, wie zum Beispiel Lösch- und Sperrmöglichkeiten von personenbezogenen Daten, müssen auch organisatorische Maßnahmen ergriffen werden, um zum Beispiel DS-GVO-konforme Datenschutz- und Einwilligungserklärungen bereitzustellen. Ebenfalls erforderlich ist die Einrichtung von Prozessen, die die Wahrung der Betroffenenrechte und die Rechenschaftspflichten der datenverarbeitenden Stelle sicherstellen. Hierzu sind unter anderem Privacy Richtlinien zu implementieren und zu nutzen. Die Datenschutzgrundverordnung bezieht sich in ihren

Ausführungen auf die Notwendigkeit technische Methoden zur Wahrung der Betroffenenrechte und Schutzmechanismen einzusetzen, die dem aktuellen Stand der Technik entsprechen. Diese Formulierung erfordert eine stetige Auseinandersetzung mit Datenverarbeitungsmethoden und Technologien und deren zeitgerechten Implementierung.

Business Intelligence und insbesondere Big Data werden durch den exponentiellen Zuwachs an heterogen Daten und dem technischen Fortschritt zunehmend an Bedeutung gewinnen, um unternehmerische und gesamtwirtschaftliche Prozesse zu optimieren, zu steuern und zu automatisieren. Die Einführung der EU-weiten Datenschutzbestimmungen ist ein erster Schritt den Landesgrenzen übergreifenden Datenverkehr einheitlich zu regeln und das Recht die informationelle Selbstbestimmung zu stärken. Gleichzeitig erhöhen sich die datenschutzrechtlichen Ansprüche an die Datenverarbeitung und somit auch der Bedarf an Personalressourcen. Neben Analyseexperten werden in Unternehmen zukünftig auch vermehrt Datenschutzexperten benötigt, um die Komplexität der Big Data und BI-Verarbeitungsprozesse rechtskonform gestalten zu können.

# 6. Literaturverzeichnis

Anandarajan, M. (2004): Business Intelligence Techniques: A Perspective from Accounting and Finance, Berlin: Springer, 2004

Article 29 Data Protection Working Party (2017): Guidelines on Personal data breach notification under Regulation 2016/679 - WP 250, Brüssel, 2017

Bärwald, W. (2009): Expert Praxislexikon Kommunikationstechnologien - Netze - Dienste - Anwendungen, Renningen: Expert Verlag, 2009

BDSG (2015): Bundesdatenschutzgesetz vom 20.12.1990 (BGBl. I S. 2954), neugefasst durch Bek. v. 14.01.2003 (BGBl. I S. 66), zuletzt geändert durch Artikel 1 des Gesetzes vom 25.02.2015 - BDSG, 2015

BDSG-neu (2017): Neufassung des Bundesdatenschutzgesetzes (gültig ab 25. Mai 2018), 2017

o.V. Bitkom e.V (2016): Was muss ich wissen zur EU-Datenschutz Grundverordnung?, Bundesverband Informationswirtschaft, Telekommunikation und neue Medien e.V., Berlin, 2016

Borges, G. (2017): Datenschutz-Zertifizierung für Cloud-Dienste - Vortag anläßlich des 15. Deutschen IT-Sicherheitskongresses in Bonn vom 16.-18. Mai 2017, Bonn, 2017

Braun, W., et al. (2017): Das Verarbeitungsverzeichnis - Verzeichnis von Verarbeitungstätigkeiten nach Art. 30 EU-Datenschutzgrundverordnung (DS-GVO), Berlin, 2017

Bundesamt für Sicherheit in der Informationstechnik (2017): Digitale Gesellschaft. URL: https://www.bsi.bund.de/DE/Themen/DigitaleGesellschaft/CloudComputing/CloudZertifizierung/CloudZertifizierung_node.html, Abruf am 06.01.2018

Dittert, K. (2017): Scoring - Der Blick in die Kristallkugel, 13. Auflage, Berlin: epubli, 2017

DS-GVO (2016): Verordnung (EU) 2016/679 des Europäischen Parlaments und des Rates vom 27. April 2016 zum Schutz natürlicher Personen bei der Verarbeitung personenbezogener Daten, zum freien Datenverkehr zur Aufhebung der Richtlinie 95/46/EG - DS-GVO, 2016

Fels, G. (2015): Technik, in: Dorschel, Joachim (Hrsg.), Praxishandbuch Big Data, Wiesbaden: Springer Fachmedien, 2015, S. 255–330, 2015

Gadatsch, A., Landrock, H. (2017): Big Data für Entscheider - Entwicklung und Umsetzung datengetriebener Geschäftsmodelle, Wiesbaden: Springer Fachmedien, 2017

Gola, P., et al. (2015): Bundesdatenschutzgesetz - BDSG ; Kommentar, 12., überarb. und ergänzte Aufl., München: Beck, 2015

Gronwald, K.-D. (2017): Integrierte Business-Informationssysteme - ERP, SCM, CRM, BI, Big Data Analytics – Prozesssimulation, Rollenspiel, Serious Gaming, 2. Aufl., Berlin, Heidelberg: Springer, 2017

Grünwald, M., Taubner, D. (2009): Business Intelligence, in: Informatik-Spektrum, 32. Jg., Nr. 5, S. 398–403, o.O, 2009

Hansen, H. Robert, Mendling, J., Neumann, G. (2015): Wirtschaftsinformatik - Grundlagen und Anwendungen, 11. Aufl., Berlin: De Gruyter Oldenbourg, 2015

Härting, N. (2016): Datenschutz-Grundverordnung Das neue Datenschutzrecht in der betrieblichen Praxis, Köln: Otto Schmidt Verlag , 2016

Helbing, T. (2015a): Big Data und der datenschutzrechtliche Grundsatz der Zweckbindung, in: Kommunikation und Recht, 18. Jg., Nr. 03, 2015, S. 145–150

Helbing, T. (2015b): Datenschutzrecht beachten bei Big Data und Business Analytics, in: Lang, Michael (Hrsg.), Handbuch Business Intelligence Potenziale, Strategien, Best Practices, Düsseldorf: Symposion, 2015, S. 275–300

Heuberger-Götsch, O. (2016): Der Wert von Daten aus juristischer Sicht am Beispiel des Profiling, in: Fasel, Daniel; Meier, Andreas (Hrsg.), Big Data - Grundlagen, Systeme und Nutzungspotenziale, Wiesbaden: Springer Vieweg, 2016, S. 83–105

Hoffmann, G. (2017): Datenschutz für Dealer in Zeiten von Big Data, in: Management Santander, Mönchengladbach, 2017, S. 450-724

Kipker, D.-K. (2015): Privacy by Default und Privacy by Design, in: Datenschutz und Datensicherheit, 39. Jg., Nr. 6, 2015, S. 410

Köbrich, T., Maucher, S. (2017): EU-Datenschutzgrundverordnung 2018 - BVDW-Praxisleitfaden, Düsseldorf, 2017

Laney, D. (2001): 3-D Data Management: Controlling Data Volume, Velocity and Variety - Application Delivery Strategies, Stamdord: META Group Inc, 2001

Laudon, K. C., Laudon, J. Price, Schoder, D. (2010): Wirtschaftsinformatik - Eine Einführung, 2., aktualisierte Aufl., München: Pearson Verlag, 2010

Leußer, W. (2011): CRM- Grundlagen, Konzepte und Prozesse, in: Hippner, Hajo u.a. (Hrsg.), Grundlagen des CRM - Strategie, Geschäftsprozesse und IT-Unterstützung, Wiesbaden: Gabler, 2011, S. 15–55

Nasser, T., Tariq, R. Soomro (2015): Big Data Challenges, in: Journal of Computer Engineering & Information Technology, 04. Jg., Nr. 03, 2015

Schaar, P. (2010): Privacy by Design, in: Identity in the Information Society, 3. Jg., Nr. 2, 2010, S. 267–274

Schneider, J. (2017): Datenschutz - Nach der EU-Datenschutz-Grundverordnung, München: Beck Verlag, 2017

Ulbricht, M. (2017): Adieu Einwilligung?, in: Friedewald, Michael u.a. (Hrsg.), Informationelle Selbstbestimmung im digitalen Wandel, Wiesbaden: Springer Vieweg, 2017, S. 265–286

o.V. Unabhängiges Landeszentrum für Datenschutz Schleswig Holstein (2014): Scoring nach der Datenschutz-Novelle 2009 und neue Entwicklungen - Abschlussbericht Az.: 313-06.01-2812HS021, Kiel, 2014

Weichert, T. (2013), Unabhängiges Landeszentrum für Datenschutz Schleswig-Holstein: Big Data und Datenschutz, Kiel, 2013

Winkelmann, P. (2008): Marketing und Vertrieb - Fundamente für die Marktorientierte Unternehmensführung, 6. Aufl., München, Wien: Oldenbourg Verlag, 2008

www.ingramcontent.com/pod-product-compliance
Lightning Source LLC
LaVergne TN
LVHW042312060326
832902LV00009B/1441